**Toutes les étapes d'une bonne
stratégie de recherche d'emploi**

TROUVER UN EMPLOI
AVEC UN
CV
GAGNANT

Christiane Gosselin

C.P. 325, Succursale Rosemont
Montréal (Québec), Canada H1X 3B8
Téléphone: (514) 522-2244
Télécopieur: (514) 522-6301
Courrier électronique: pnadeau@edimag.com

Éditeur: Pierre Nadeau

Dépôt légal: deuxième trimestre 2000
Bibliothèque nationale du Québec
Bibliothèque nationale du Canada

© 2000, Édimag inc.
Tous droits réservés pour tous pays
ISBN: 2-89542-025-4

L'éditeur bénéficie du soutien de la Société de développement des entreprises culturelles du Québec (SODEC) pour son programme d'édition. Nous reconnaissons l'aide financière du gouvernement du Canada par l'entremise du Programme d'aide au développement de l'industrie de l'édition (PADIÉ) pour nos activités d'édition.

Table des matières

Édimag inc. est membre de l'Association nationale
des éditeurs de livres.

DISTRIBUTEURS EXCLUSIFS
Pour le Canada et les États-Unis
Les Messageries ADP
955, rue Amherst
Montréal (Québec) H2L 3K4
Téléphone: (514) 523-1182
Télécopieur: (514) 939-0406

INTRODUCTION

Dans le cadre de mes interventions en gestion de carrière, il m'arrive souvent de rencontrer des jeunes et des adultes en questionnement sur leur avenir professionnel et leur recherche d'emploi.

J'ai pu constater à quel point plusieurs d'entre eux ne savent pas où chercher les informations dont ils ont besoin. Ils se sentent démunis face à une recherche d'emploi, que ce soit pour un emploi d'été, un premier emploi ou suite à une réorientation de carrière. Quel paradoxe alors que nous avons accès à des informations provenant de diverses sources: Internet, articles de journaux, télévision, radio, organismes d'insertion professionnelle, etc. L'information abonde, mais il semble de plus en plus difficile de s'y retrouver.

Un volume simple et efficace

Pour répondre aux questions qui me sont posées par des gens de tous âges, j'ai élaboré ce petit volume regroupant dans un seul document les principales techniques de base pour rédiger un curriculum vitae, effectuer une recherche d'emploi efficacement et dédramatiser le moment d'une rencontre avec un futur employeur. Plusieurs volumes disponibles sur le marché traitent habituellement d'un seul aspect de la recherche d'emploi. Il faut souvent compléter avec d'autres sources d'information ce qui peut compliquer une tâche qui l'est déjà suffisamment, d'où l'idée d'un petit volume succinct, concis et clair. Les difficultés observées chez les personnes qui me consultent se retrouvent à toutes les étapes de leur recherche d'emploi. Commençons par la première étape, soit un bilan personnel et professionnel sur lequel sera élaboré la rédaction du c.v.

Bien se connaître

Je vous propose un petit scénario: une personne cherche un emploi et désire travailler coûte que coûte et elle cherche n'importe quoi, pourvu qu'elle finisse par travailler. En tenant le rôle d'un éventuel employeur, je lui demande spontanément «que voulez-vous faire?». Beaucoup de gens ne sont pas préparé à cette simple question et répondent avec des hésitations ou en disant «euh! n'importe quoi». Dans la tête d'un employeur, ces hésitations et réponses imprécises signifieront qu'il est face à un candidat pas très intéressant.

Voici un exemple pour bien comprendre l'importance de bien se connaître. Vous voulez acheter une voiture. Vous vous rendez chez un concessionnaire et le représentant a de la difficulté à répondre à vos questions. Il ne connaît pas les caractéristiques du moteur, ni la consommation d'essence et il n'a pas d'idée précise du prix du véhicule qui vous intéresse. Qu'allez-vous faire? Vous irez probablement chez un autre concessionnaire.

Il est donc préférable de s'arrêter quelques minutes pour bien cerner qui vous êtes et quel type de poste vous voulez obtenir comme poste. Une fois vos compétences, vos forces et intérêts identifiés, il sera plus facile de bien diriger votre recherche d'emploi et de répondre avec aplomb à un futur employeur.

Adopter une bonne stratégie

La deuxième étape consiste en une recherche d'emploi planifiée et diversifiée, faisant appel à toutes les techniques: offres d'emploi publiées, réseaux de contacts, Internet, agences de placement. Certains chercheurs d'emploi m'ont déjà fait part de leur désarroi face au peu de résultats obtenus après quelques semaines d'efforts. En demandant de me décrire les moyens utilisés dans leur recherche, je comprends facilement la presque absence de résultats.

**«J'ai fait tous les centres d'achat
à quelques reprises.»
«J'ai envoyé 100 c.v. et je n'ai reçu aucun appel.»
«J'ai cherché près de chez moi.»
«J'ai cherché un poste de secrétaire
dans les écoles.»
«J'attends qu'on me rappelle.»**

Pour obtenir des résultats, il faut être actif et imaginatif. Il faut être attentif à l'actualité, aux annonces d'investissement. Si une entreprise en haute technologie est en pleine croissance, il y a de fortes chances que différents types de postes seront ouverts (et non seulement des emplois hautement spécialisés): secrétariat, comptabilité, manutention, etc.

L'entrevue

ENFIN! un employeur a retenu votre c.v. et vous convoque en entrevue. Moment stressant pour certains, moment de courte euphorie pour d'autres. Certains ressortiront de l'entrevue déçus de leur performance, plus ou moins préparés à répondre à certaines questions et connaissant peu l'entreprise. Ces situations démotivantes peuvent être évitées, du moins en partie. Une entrevue d'emploi, ça se prépare.

Un guide pour tous

Ce volume est un guide et un outil de travail simple couvrant les principes généraux d'une bonne recherche d'emploi. Ce guide s'adresse aux jeunes finissants à la recherche d'un premier emploi ainsi qu'aux adultes qui, suite à une mise à pied, à une fermeture d'entreprise, à une réorientation de carrière ou tout simplement pour progresser professionnellement, doivent se remettre à la recherche d'un emploi.

Bonne lecture et sachez mettre à profit les conseils contenus dans ce livre.

Première partie

RÉDIGER UN C.V. GAGNANT

QU'EST-CE QU'UN C.V.?

COMMENT PRÉPARER UN C.V.?

FAIRE UNE ÉVALUATION PERSONNELLE

L'auto-évaluation en deux étapes:
1) vous définir tel que vous êtes et
2) trouver, sur le marché du travail,
un emploi compatible avec
la personne que vous êtes.

ÉLÉMENTS D'UN C.V.

CHOIX DU GENRE DE C.V.

LA LETTRE DE PRÉSENTATION

QU'EST-CE QU'UN C.V.?

- C'est votre histoire personnelle.

- Il permet à l'employeur de juger si vous conviendrez à tel ou tel poste.

- Il est le sommaire de vos études et des postes que vous avez déjà occupés.

- Il est rédigé dans un style positif et présente votre passé sous un jour favorable.

- Il vise à mettre en valeur vos succès, vos aptitudes.

- Il est le premier contact avec un employeur éventuel.

- Il est votre publicité personnelle.

BUT DU C.V.

- Obtenir une entrevue avec un employeur.

COMMENT PRÉPARER UN C.V.?

1- FAIRE UNE ÉVALUATION PERSONNELLE

Pour rédiger un c.v. qui démontre bien vos points forts, vos aptitudes et l'étendue de votre expérience, il faut vous poser plusieurs questions afin de bien vous évaluer, ne rien oublier. Cette évaluation constitue aussi une bonne préparation pour les entrevues à venir.

L'auto-évaluation consiste donc à recueillir et à analyser toutes les données pertinentes sur un sujet c'est-à-dire VOUS-MÊME. Elle permet de cerner et de trier tous les ingrédients dont vous avez besoin pour rédiger un c.v. complet. Ces ingrédients comportent vos études, votre expérience professionnelle, vos aptitudes, vos compétences, vos intérêts, votre personnalité et votre système de valeurs.

L'auto-évaluation vous aidera à définir le genre de travail qui vous convient le mieux. Vous pourrez éliminer les cheminements de carrière qui ne vous conviennent plus et concentrer votre recherche sur les emplois qui répondront le mieux à vos besoins et vous apporteront ainsi une grande satisfaction. L'auto-évaluation vous permettra aussi de communiquer avec plus d'assurance vos objectifs et vos qualifications aux employeurs éventuels. Votre c.v. sera plus complet et vous ferez meilleure impression aux entrevues.

L'auto-évaluation comprend deux étapes:

1) vous définir tel que vous êtes et
2) trouver, sur le marché du travail, un emploi compatible avec la personne que vous êtes.

En réfléchissant à ces questions, ne perdez pas de vue l'objectif que vous voulez atteindre, à court et à long terme, l'emploi désiré, le niveau de responsabilités, l'avancement souhaité.

Souvenez-vous, quand vous rédigez votre c.v, qu'il parlera de vous en votre absence. Il devra donc, par son style et son contenu, refléter votre personnalité. Il devra aussi faire ressortir vos qualités et vos points forts.

Mais avant de vous mettre à la tâche, il serait bon de comprendre la démarche que suivent les employeurs pour choisir le c.v. qui vaudra à son auteur une entrevue. La plupart du temps, les employeurs affecteront votre c.v. à une des trois piles suivantes:

- la pile à considérer et à lire plus attentivement
- la pile que l'on pourra considérer éventuellement
- la pile à ignorer

Le sort de votre c.v. sera probablement décidé en trente secondes. Pour qu'il aboutisse dans la bonne pile et soit examiné sérieusement, vous devez vendre vos qualifications (ce que vous savez) et vos compétences (ce que vous pouvez faire) en 30 SECONDES OU MOINS.

Pour vous assurer que votre c.v. est clair, ne comporte pas d'ambiguïté, faites le relire par une personne qui connaît peu votre cheminement professionnel.

Voici quelques questions qui vous aideront à faire votre inventaire personnel en vue de la préparation de votre c.v. Les réponses aux questions vous aideront à établir votre profil d'emploi. Un profil est un portrait de vous-même à ce moment précis de votre cheminement. On est quelquefois surpris lorsqu'on examine son profil pour la première fois. Il nous aide à voir les choses de façon réaliste, pratique et positive.

AUTO-ÉVALUATION POUR RÉDACTION DE C.V.

1) QUI SUIS-JE?

Pour bien vous définir, il est important de vous demander comment est-ce que je me décrirais à une autre personne ou à un futur employeur?

_____

_____

_____

_____

2) QUI CONTRÔLE MA VIE?

Demandez-vous présentement, est-ce que je prends moi-même toutes mes décisions? Sinon, qui d'autre (membre de la famille, ami, etc.) intervient dans mes décisions? Quels autres facteurs influencent mes choix?

_____

_____

_____

_____

3) A QUEL GENRE DE VIE EST-CE QUE JE RÊVE?

Visualisez ici le genre de vie qui vous plairait le plus, en tenant compte de tous les aspects: travail, famille et loisirs. Ceci vous aidera à établir un objectif professionnel.

_____

_____

_____

_____

4) PARMI MES APTITUDES, QUELLES SONT CELLES QUE JE PRÉFÈRE UTILISER?

Concentrez-vous sur les tâches que vous aimez et que vous faites avec compétence. Indiquez toutes vos habiletés professionnelles, même si vous ne les avez pas encore mises à contribution (par exemple, si vous aimez organiser, planifier, écrire, si vous vous exprimez bien, indiquez-le même si vous ne l'avez pas fait dans un emploi précédent).

_____

_____

_____

_____

5. QUELS SONT MES INTÉRÊTS?

Indiquez vos intérêts personnels et les tâches que vous aimeriez accomplir au travail.

_____

_____

_____

_____

6. QU'EST-CE QUI EST IMPORTANT POUR MOI?

Cette question a pour but de vous faire prendre conscience de votre système de valeurs; les questions qui vous tiennent à coeur, les règles de conduite qui vous seraient acceptables ou inacceptables en milieu de travail.

_____

_____

_____

_____

7. QUELLES SONT MES QUALITÉS PERSONNELLES?

Quelle genre de personne suis-je? Demandez à un ou à une ami(e) de vous aider à préciser les traits de votre personnalité qui seraient utiles dans l'emploi que vous envisagez occuper.

_____

_____

_____

_____

8. QUELS SONT LES GENRES D'EMPLOI QUI ME PERMETTRAIENT D'UTILISER MES APTITUDES PRÉFÉRÉES?

Vous connaissez déjà plusieurs types d'emploi. Vous découvrirez une foule d'autres possibilités en explorant, en consultant diverses sources d'information et en questionnant certaines personnes.

_____

_____

_____

_____

9. QU'EST-CE QUI ME RETIENT?

Cette question vous permettra de cerner les barrières personnelles qui gênent votre développement: la peur, le manque de confiance, une image négative de soi en sont quelques-unes. Les revers personnels, les problèmes financiers, les obligations familiales ou des relations difficiles peuvent constituer d'autres obstacles.

_____

_____

_____

_____

10. QUELS SONT LES TRAVAUX POUR LESQUELS VOUS AVEZ REÇU DES TÉMOIGNAGES D'APPRÉCIATION?

_____

_____

_____

_____

11. QUELLES ÉTUDES AVEZ-VOUS FAITES ET QUELS DIPLÔMES AVEZ-VOUS OBTENUS?

Nombre d'années d'études secondaires:

_____

Diplôme de fin d'études secondaires

_____

Diplôme d'études collégiales

_____

Diplôme universitaire

_____

Autres: dressez la liste des cours qui pourraient contribuer à vous faire décrocher un emploi.

_____

_____

_____

12. ÊTES-VOUS LA PERSONNE À QUI ON S'ADRESSE LORSQUE L'ON A BESOIN D'AIDE POUR UN PROJET?

_____

_____

_____

_____

13. EST-CE QUE LES GENS VOUS CONSIDÈRENT COMME UN EXPERT DANS UN DOMAINE?

_____

_____

_____

14. AVEZ-VOUS DES PASSE-TEMPS PRÉFÉRÉS?

_____

_____

_____

15. QUELS EMPLOIS AVEZ-VOUS OCCUPÉS?

Vous devez inscrire ici tous les emplois rémunérés et bénévoles que vous avez occupés depuis que vous avez l'âge de travailler. Il est important de souligner ceux qui vous ont permis d'acquérir de l'expérience.

Travail rémunéré   **expériences acquises**

_____

_____

_____

_____

Travail bénévole   **expériences acquises**

_____

_____

_____

_____

16. QUELS SONT LES OUTILS, MACHINES, APPA-REILS, ÉQUIPEMENTS, LOGICIELS OU ORDI-NATEURS QUE VOUS ÊTES EN MESURE D'UTI-LISER?

_____

_____

_____

_____

Maintenant, que vous savez qui vous êtes et que vous connaissez raisonnablement bien vos besoins, vous pouvez beaucoup plus facilement établir des objectifs professionnels et les réaliser. Il importe toutefois de tenir compte des moindres détails. Plus votre auto-évaluation sera spécifique, plus vous épargnerez temps et argent lors de votre recherche d'emploi.

ÉLÉMENTS D'UN C.V.

Votre c.v. comprendra les renseignements suivants:
- coordonnées (il faut mentionner vos nom, adresse, code postal et numéro de téléphone sur la première page);
- langues parlées et écrites;
- objectif ou résumé de carrière (facultatif);
- études;
- expériences de travail;
- perfectionnement;
- associations professionnelles - activités paraprofessionnelles;
- activités, intérêts, loisirs;
- références.

Détails personnels

Il faut mentionner vos nom et adresse, numéro de téléphone avec indicatif régional, numéro de téléphone où un message peut vous être laissé, numéro de télécopieur, s'il y a lieu, code postal et courriel.

Objectif de carrière ou résumé de carrière
(facultatif)

S'il est assez précis pour renseigner l'employeur sur ce que vous cherchez, tout en étant assez large pour ne pas vous fermer des portes, inscrivez-le dans votre c.v. Sinon, il est préférable d'en faire état seulement dans la lettre de présentation. C'est la méthode la plus sûre. À la place, ou en plus de votre objectif de carrière, vous pouvez présenter un court résumé de votre vie professionnelle jusqu'à ce jour en y mentionnant vos principales compétences, par exemple, en communication, en enseignement et en gestion.

Exemples:
- joindre une entreprise dotée d'une vision internationale pour diriger une équipe dynamique oeuvrant à la réalisation et au développement de nouveaux logiciels;
- occuper un poste d'infirmière-chef dans un hôpital de la région, de préférence dans un service pédiatrique;
- occuper un poste de secrétaire général mettant à profit mes années d'expérience en administration et en relations publiques.

Études
En commençant par la plus récente, donnez pour chaque étape de vos études les renseignements suivants:
- le titre du diplôme;
- nom de l'établissement d'enseignement : omettre l'adresse, inscrire le nom de la ville, s'il n'est pas compris dans le nom de l'établissement, par exemple: Université de Montréal;
- période durant laquelle vous y avez suivi des cours : date de fin seulement, à moins que vous n'ayez pas obtenu votre diplôme.

Si vous possédez un diplôme universitaire, omettez les études primaires et secondaires, à moins qu'elles attestent la connaissance d'une seconde langue.

Si vous avez reçu des bourses d'études, mentionnez-le.

Si vos notes ont été très bonnes, mentionnez-le..

Énumérez vos aptitudes techniques: les logiciels d'ordinateur, les cours de perfectionnement.

Formations suivies en milieu de travail ou au cours de vos emplois précédents

Expérience de travail

Énumérez vos emplois à temps plein, à temps partiel et d'été, en commençant par le poste le plus récent et en énumérant les autres en ordre chronologique, si vous décidez d'adopter le c.v. chronologique.

Essayez de bien faire ressortir la nature des tâches exécutées, les responsabilités prises et vos réalisations. Ajoutez, s'il y a lieu, les initiatives personnelles.

Votre travail met en évidence vos intérêts, aptitudes et compétences: ne soyez pas trop modeste et ne sous-estimez pas la valeur de certains postes occupés. Évitez une surestimation. Trouvez un équilibre.

En énumérant les expériences de travail, il faut fournir les détails suivants:
• raison sociale de l'entreprise et la ville, omettre l'adresse et le nom du supérieur;
• période d'emploi: année de début et de fin d'emploi;

- titre occupationnel;
- fonctions en débutant par un verbe d'action et énumérer les tâches en commençant par les plus importantes;
- brève description des responsabilités, des habiletés acquises ou développées ainsi que vos réalisations personnelles. Accordez beaucoup d'importance à la rédaction de cette section. L'employeur portera beaucoup d'attention aux tâches que vous avez accomplies, les compétences développées et les connaissances acquises.

Perfectionnement

L'employeur s'intéressera aux cours qui vous ont permis d'acquérir de nouvelles techniques dans votre domaine. N'en faites pas une liste exhaustive; tenez-vous-en à ceux qui sont pertinents.

Associations ou ordres professionnels

Indiquez les associations ou ordres professionnels dont vous faites partie, notamment, si elles sont nécessaires à l'exercice de votre profession.

Indiquez la date d'adhésion et le type de participation

Faites un tri parmi les autres et n'indiquez que celles qui ont le plus d'intérêt à vos yeux ou dans lesquelles vous êtes le plus engagé.

Activités paraprofessionnelles

Elles sont intéressantes dans la mesure où elles mettent vos aptitudes en évidence. Ces activités disent à l'employeur qu'elles peuvent contribuer au rayonnement de l'entreprise. Elles permettent de faire découvrir certaines facettes de votre personnalité, exemple: Centraide - Fondation Rêves d'enfants, Entraide diabétique.

Activités, intérêts et loisirs

Section importante pour l'employeur qui s'intéresse non seulement à votre dossier académique et vos expériences de travail mais à d'autres aspects de votre personnalité.

Cette section montre si vous avez une vie équilibrée ou non. Elle regroupe des activités originales dans lesquelles vous êtes réellement engagé. Elle permet aussi de faire valoir certaines aptitudes reliées au poste visé. Vous pouvez mentionner dans cette rubrique votre mobilité.

Ne pas mentionner les attaches religieuses, ethniques ou politiques.

Références

Il n'est pas essentiel de donner des références dans un c.v. Si vous en soumettez, inscrivez-les sur une feuille que vous pourrez donner à l'employeur, à sa demande. Indiquez le nom, le titre, l'adresse et le numéro de téléphone de vos références.

Choisissez avec prudence les personnes qui pourront donner des références.

L'idéal serait de citer des personnes qui pourraient parler de vos aptitudes et de votre comportement en milieu de travail. Que ce travail ait été rémunéré, bénévole ou encore accompli à l'intérieur d'activités socioculturelles, scolaires ou autres. Un professeur peut aussi fournir des renseignements.

Vous devez contacter les personnes dont vous voulez donner les noms en référence et leur demander la permission de les citer. Les informer du poste que vous désirez obtenir. Vous pouvez aussi leur faire parvenir une copie de votre c.v. Après une entrevue, appelez vos références et avertissez-les qu'ils sont susceptibles de recevoir un appel de telle entreprise.

Ne nommez surtout pas de proches parents.

Liste des références

(Votre) nom :
Adresse :
Domicile :   (   )   -
Travail :   (   )   -
Messages :   (   )   -
Télécopieur :   (   )   -
Courriel: (   )   -

Références (trois références devraient suffire)
Nom :
Titre :
Entreprise :
Adresse :
Téléphone :   (   )   -
Courriel: (   )   -

Nom :
Titre :
Entreprise :
Adresse :
Téléphone :   (   )   -
Courriel: (   )   -

Nom :
Titre :
Entreprise :
Adresse :
Téléphone :   (   )   -
Courriel: (   )   -

Conseils pour écrire un c.v.

1. Utilisez des mots simples et des phrases courtes. Évitez les longues descriptions et les déclarations vagues.

2. Utilisez des verbes d'action pour décrire ce que vous avez fait : concevoir, élaborer, diriger, mettre en oeuvre.

3. Donnez tous les renseignements pertinents sur vos activités. Utilisez un style télégraphique.

4. Faites de courts paragraphes bien espacés.

5. Soyez objectif. N'exagérez pas les responsabilités que vous avez eues.

6. Si vous envoyez votre c.v. par la poste, il doit être accompagné d'une lettre de présentation. Si vous le remettez en mains propres, vous êtes là pour le présenter.

7. Soignez la présentation de votre c.v. Il doit être clair, bien construit et sans fautes d'orthographe ni de grammaire.

8. Un c.v. de deux à trois pages maximum.

9. Dans la lettre d'accompagnement, indiquez la date et l'emploi qui vous intéresse.

10. Évitez de mettre devant les adjectifs des adverbes comme plutôt, légèrement, beaucoup, assez, incroyablement.

11. Évitez le tape-à-l'oeil par exemple, le papier de couleur trop voyant, les formats inhabituels et les photographies.

12. Ne signez pas votre c.v. et n'y inscrivez pas de date.

EXEMPLES DE VERBES D'ACTION A UTILISER DANS LA RÉDACTION DE C.V. surtout pour le style chronologique

Adapter	Éclaircir
Administrer	Élaborer
Améliorer	Entreprendre
Aménager	Estimer
Analyser	Évaluer
Appliquer	Exécuter
Approfondir	Financer
Calculer	Gérer
Clarifier	Informer
Classer	Inventorier
Communiquer	Mettre au point
Compiler	Motiver
Composer	Négocier
Concilier	Organiser
Consulter	Persuader
Contrôler	Promouvoir
Coordonner	Recruter
Créer	Résoudre
Décider	Restaurer
Déléguer	Revoir
Diriger	Vérifier

CHOIX DU GENRE DE C.V.

Il est préférable de choisir une forme de présentation qui, non seulement vous convienne personnellement, mais qui s'adapte aussi au type de poste pour lequel vous soumettez votre candidature. Par exemple: un c.v. traditionnel décrivant vos expériences dans un ordre chronologique conviendrait mieux aux firmes de comptables agréés, banques et compagnies d'assurance.

Deux façons de regrouper les informations:
- ordre chronologique
- groupement des expériences par fonction (c.v. fonctionnel)

C.V. CHRONOLOGIQUE

Il présente dans un ordre chronologique vos expériences professionnelles. Il est utilisé par des personnes qui sont déjà bien engagées dans leur carrière et témoigne des progrès accomplis en donnant les titres et responsabilités. Il convient bien aux grandes sociétés, aux banques, aux agences gouvernementales et à toute entreprise bien établie.

Restrictions:

Si vous changez radicalement de domaine d'emploi, ne peut faire de lien avec votre expérience passée et vos nouveaux intérêts.

Si vous avez été sans travail ou si vous avez changé plusieurs fois d'emplois en peu de temps.

Si vous avez été absent du marché du travail plusieurs années.

Si vous en êtes à votre premier emploi.

Si vous avez conservé le même emploi plusieurs années ne donne pas l'impression que vous avez progressé.

Si vous ne désirez pas mettre votre dernier emploi en vedette.

C.V. FONCTIONNEL

Est utilisé par des personnes qui ont déjà accompli plusieurs réalisations. Ce c.v. met l'accent sur la nature des fonctions et les principales réalisations professionnelles. Il démontre que la personne a acquis une bonne expérience ou qui est engagée avec succès dans une carrière. Il expose les tâches accomplies par catégorie plutôt que de donner une description du poste et des titres. Vous mettez en valeur vos forces et vos aptitudes. Il peut être intéressant pour des personnes qui ont occupé des postes de même niveau dans plusieurs entreprises ou secteurs différents.

Restrictions:
Les recruteurs professionnels et les employeurs aguerris peuvent s'en méfier car ce modèle de c.v. fait disparaître les périodes sans travail, les rétrogradations ou la progression trop lente.

LISTE DES PRINCIPALES CLASSES FONCTIONNELLES

Achats
Acquisition
Administration
Aménagement
Analyse
Animation
Arbitrage
Audit
Automatisation
Budget
Composition
Comptabilité
Conception
Conférence
Construction
Contrôle
Coordination
Correction d'épreuves
Création
Développement
Dessin
Développement de produits
Diagnostic
Direction
Distribution
Édition
Électronique
Embauche

Graphisme
Illustration
Informatique
Informatisation
Ingénierie
Innovation
Inspection
Interprétation
Invention
Investissement
Lancement
Management
Marketing
Médiation
Mise en marché
Négociation
Organisation
Planification
Production
Programmation
Promotion
Publication
Publicité
Rationalisation
Recherche
Recrutement
Rédaction
Redressement

Enquête
Enseignement
Estimation
Étude de marché
Expansion
Exploitation
Fabrication
Finances
Formation
Gestion
Gestion de projets

Représentation
Restauration
Restructuration
Révision
Rôle-conseil
Secrétariat
Sélection
Supervision
Traduction
Vente
Vérification

LE C.V. MIXTE

Est un mélange de c.v. fonctionnel auquel a été ajoutée une sélection de vos emplois antérieurs. Les études, les dates d'emploi peuvent y être inclus ou non. Ce c.v. peut se révéler le meilleur si vous avez une expérience professionnelle variée et interrompue et qu'il vous faut mettre en relief vos compétences.

LE C.V. PAR COMPÉTENCES

Est utilisé par des personnes qui ont déjà prouvé qu'elles possèdent les principales compétences exigées pour l'emploi. Il expose les tâches accomplies par compétences. Vous mettez en valeur vos forces et vos aptitudes. 4 à 5 classes catégories de compétences. Ce genre de c.v. peut aussi s'avérer intéressant pour les finissants, pour les personnes sans expérience suffisante pour le poste en ciblant les compétences développées en milieu scolaire, dans les activités parascolaires ou bénévoles dans la communauté. Les étudiants peuvent ainsi démontrer leur motivation, leur capacité d'apprendre rapidement, de rédiger, de travailler en équipe.

La rédaction commence par un mot et non un verbe d'action comme dans le c.v. chronologique.

Exemples:
- organisation et coordination (d'un événement promotionnel, du bal de finissants, d'un département, etc.);
- participation à l'élaboration de l'événement;
- recrutement, sélection et formation du personnel;
- direction et supervision;
- organisation et direction des comités et groupes de travail;
- animation des réunions et rédaction des procès-verbaux.

LISTE DES PRINCIPALES COMPÉTENCES SOLLICITÉES EN MILIEU DE TRAVAIL

DIRECTION

Tâches: Motiver les collègues.

Faire participer les autres aux décisions.

Gagner le respect des autres.

Influencer les idées ou les attitudes des autres.

Diriger les autres dans un processus en leur donnant des directives.

Conseiller, aider les autres.

Déterminer qui fera le mieux telle ou telle tâche.

Diriger ou superviser le travail des autres.

Évaluer le travail des autres.

PERFECTIONNEMENT

Tâches: Acquérir de nouvelles compétences.

Apprendre à connaître facilement les autres cultures

Apprendre d'autres langues.

Diriger, former et développer de nouvelles compétences chez les autres.

Motiver les autres à faire des changements pour eux-mêmes.

ORGANISATION ET COORDINATION

Tâches: Établir les priorités pour répartir les tâches.

Déléguer efficacement.

Répartir les tâches en utilisant au maximum les compétences et les capacités des subordonnés.

Intégrer les efforts des autres.

Planifier l'ordre des choses à faire pour atteindre un objectif.

Planifier l'organisation d'activités et d'événements.
Organiser et diriger les tâches d'un travail ou d'un projet.

PLANIFICATION

Tâches: Réfléchir aux possibilités.

Anticiper les problèmes possibles et élaborer des solutions efficaces.

Établir les priorités en tenant compte de tous les renseignements pertinents.

Anticiper les besoins futurs en ressources humaines, financières et matériels.

Établir des objectifs réalistes.

Planifier l'ordre des choses à faire pour atteindre un objectif.

Faire un suivi de l'information et des résultats.

Rassembler de l'information et des idées de façon inédite.

GESTION DU TEMPS

Tâches: Établir les priorités pour répartir les tâches.

Mener efficacement plusieurs tâches de front.

Travailler sous pression.

Respecter des délais serrés.

RESOLUTION DE PROBLÈMES ET CONCEPTUALISATION

Tâches: Cerner et diagnostiquer correctement un problème.

Repérer et rejeter l'information non pertinente pour aller au coeur d'un problème.

Prévoir les conséquences à long terme des activités.

Conceptualiser des idées (modèles, relations).

Intégrer de l'information provenant de sources différentes.

Voir et comprendre un problème dans son ensemble en cherchant à le résoudre.

PRISE DE DÉCISIONS

Tâches: Prendre des décisions fermes et s'assurer qu'elles sont mises en oeuvre en tenant compte de toute l'information pertinente.

Assumer la responsabilité d'initiatives et de décisions.

RELATIONS INTERPERSONNELLES

Tâches: Donner un feedback utile et constructif.

Trouver des solutions pour résoudre des conflits.

Conseiller les autres sur un problème de travail ou personnel.

Écouter efficacement.

Être un membre coopératif d'une équipe, contribuer activement à la réalisation des objectifs de l'équipe.

Reconnaître l'apport des autres.

Être sensible et réceptif aux besoins et aux sentiments des autres et y répondre efficacement.

Être patient avec les gens difficiles.

COMMUNICATION

Tâches: Parler clairement et naturellement d'une manière qui ne crée aucun malentendu.

Écrire clairement et de manière concise.

Écouter efficacement.

Informer les autres clairement (à propos d'idée,

d'activités et de résultats).

Donner des instructions claires.

Persuader et influencer les autres pour qu'ils acceptent un point de vue.

Présenter de bons exposés (formation).

Traduire des documents et des idées complexes en langage de tous les jours pour qu'ils soient compris facilement.

Donner un feedback constructif.

Consulter les autres au besoin.

Lancer des projets, des interventions, des programmes.

ANALYSE ET RECHERCHE

Tâches: Rassembler de l'information, faire de la recherche.

Faire preuve de minutie.

Intégrer de l'information provenant de sources diverses.

Analyser et interpréter les thèmes fondamentaux de renseignements complexes.

Repérer et rejeter l'information non pertinente.

Voir les relations entre les éléments d'un système.

CRÉATIVITÉ

Tâches: Élaborer des solutions nouvelles et imaginatives.

Adapter les idées des autres et les interpréter d'une manière nouvelle.

ÉVALUATION FINANCIÈRE

Tâches: Préparer des budgets

Calculer les coûts.

Diriger des activités en respectant des budgets établis.

Accroître la rentabilité d'un travail, d'un service, d'un département.

C.V. ÉLECTRONIQUE

Une nouvelle façon de faire parvenir un c.v. consiste à utiliser le courriel ou courrier électronique. De plus en plus d'entreprises recrutent en annonçant les postes disponibles sur leur site web ou sur un des sites spécialisés dans le recrutement ou la recherche d'emploi.

Là encore, la sobriété et la concision sont de mise. Vous pouvez utiliser soit le c.v. chronologique, fonctionnel, par compétences ou mixte. Omettez certains détails qui agrémentent la version papier soit les boîtes, les lignes, les caractères en italique, en gras ou le choix de caractères spéciaux.

Mettez plutôt votre énergie à faire ressortir les éléments essentiels de votre c.v.

N'envoyez pas votre c.v. dans un fichier annexé à votre courrier. Plusieurs employeurs craignent les virus et mettrons votre c.v. à la poubelle avant de le lire.

C.V. NUMÉRISÉ

Les employeurs font de plus en plus appel à la technologie pour gérer les demandes de toutes sortes, les dossiers et le contenu des classeurs. Fini l'époque où l'entreprise réservait un, deux ou même trois tiroirs de classeurs pour les c.v. Maintenant, les entreprises numérisent les c.v. ou plus familièrement les «scannent».

Alors, il est préférable d'avoir deux versions de votre c.v.: la version traditionnelle et la version numérisée. Celle-ci sera réduite à sa plus simple expression. Il n'est pas nécessaire d'y inclure les points, les caractères gras, les tabulations, les caractères spéciaux comme l'italique, les colonnes.

Jouez davantage avec les majuscules, utilisez un caractère simple à 12 points. Imprimez votre c.v. sur du papier blanc sans dessin ou motif en filigrane. Optez pour des noms plutôt que pour des verbes d'action utilisés dans le c.v. traditionnel.

LA LETTRE DE PRÉSENTATION

Elle sert à créer une impression favorable chez l'employeur.

Elle sert à présenter votre c.v.

Elle sert à obtenir une entrevue avec l'employeur.

Elle ne doit pas être un second c.v.

Elle doit être reformulée pour chaque employeur.

Une lettre de présentation devrait être jointe à chaque c.v. Elle devrait mentionner vos aptitudes et vos intérêts particuliers en fonction des besoins de l'employeur et le genre d'emploi postulé. Dans votre lettre, vous devriez demander une entrevue et y inclure votre adresse et numéro de téléphone.

Elle se compose de trois paragraphes.

Le premier paragraphe présente votre candidature et introduit votre c.v.

Le second parle de vous et suscite déjà le désir de vous rencontrer. On doit se préoccuper de l'employeur et du profil recherché.

Le dernier paragraphe est une conclusion à votre lettre et l'occasion de formuler votre souhait de rencontrer l'employeur en entrevue.

La lettre se termine avec la formule de politesse.

Faire un suivi téléphonique 5 jours après l'envoi.

Exemple de lettre de présentation

Date

Monsieur
Chef du personnel
Compagnie ZXY
Adresse

Monsieur,

En réponse à l'offre d'emploi parue dans le journal Le Soleil, permettez-moi de vous offrir mes services comme technicienne en administration.

Comme vous le constaterez en parcourant le curriculum vitae ci-joint, ma formation en administration ainsi que mes expériences de travail me préparent à travailler pour votre entreprise, actuellement en expansion suite à l'obtention récente d'un important contrat avec les États-Unis.

Dans mon milieu, je suis considérée comme une personne dynamique, disponible, facile d'adaptation. J'estime que ce sont là des qualités qui sauront être profitables à votre entreprise.

Je me permettrai de vous contacter dans la semaine du 8 mars pour nous entendre sur un moment où nous pourrions nous rencontrer.

Veuillez agréer, Monsieur, mes sentiments les meilleurs.

Signature

Nom dactylographié

La carte de présentation

Moins encombrante qu'un c.v., la carte d'affaires peut se remettre lorsque vous rencontrez un employeur éventuel lors d'un déjeuner-conférence, par exemple. Elle peut aussi être annexée au c.v. ou au formulaire de demande d'emploi, être remise aux personnes qui peuvent devenir de bons contacts ou à un employeur qui n'embauche pas dans l'immédiat.

Elle doit contenir votre nom, votre titre, un résumé d'expérience et compétences (5 lignes au maximum) et votre numéro de téléphone.

Exemple de carte de présentation

Louise Bédard	(000) 000-0000
Technicienne en documentation	
4 années d'expérience en bibliothèque universitaire	

Manon Douville	(000) 000-0000
Secrétaire comptable	
5 ans d'expérience Logiciels: Word – Lutus 1,2,3 Excell – Dynacom	
Polyvalente et autonome	

EXEMPLE DE C.V. CHRONOLOGIQUE

Nom :
Adresse :

Domicile :   (   )   -
Travail : (   )   -
Messages :   (   )   -
Télécopieur :   (   )   -
Courriel:

Objectif de carrière ou résumé de carrière (facultatif)

(Bloc formation ou expérience selon les exigences du poste convoité)

EXPÉRIENCE PROFESSIONNELLE
(Commencez par le plus récent emploi occupé)

Dates (année-année)   Titre du poste et nom de l'entreprise

Tâches - responsabilités - réalisations en commençant par les plus importantes:

ÉTUDES
(Indiquez d'abord le dernier diplôme obtenu. Si vous avez un diplôme universitaire, les études primaires et secondaires n'ont pas besoin d'être précisées.)

Dates (année-année)   Diplôme :

                              Spécialisation :

                              Institution :

C.V. CHRONOLOGIQUE (suite)

PERFECTIONNEMENT

Dates (année-année)   Titre du cours

Spécialisation:

Institution:

ASSOCIATIONS PROFESSIONNELLES

ACTIVITÉS PARAPROFESSIONNELLES

ACTIVITÉS, INTÉRETS ET LOISIRS

RÉFÉRENCES disponibles sur demande

C.V. PAR CLASSES FONCTIONNELLES

Nom :
Adresse :

Domicile :   (   )   -
Travail :   (   )   -
Messages :   (   )   -
Télécopieur :   (   )   -
Courriel:

OBJECTIF DE CARRIÈRE OU RÉSUMÉ DE CARRIÈRE (facultatif)

EXPÉRIENCE PROFESSIONNELLE

Classes fonctionnelles et réalisations: (Indiquez, point par point, vos principales responsabilités et réalisations de façon succincte et précise: développement, planification, gestion de projet, contrôle, supervision, etc.)

ÉTUDES
(Indiquez d'abord le dernier diplôme obtenu. Si vous avez un diplôme universitaire, les études primaires et secondaires n'ont pas besoin d'être précisées.)

Dates (année-année)   Diplôme :

                                          Spécialisation :

                                          Institution :

C.V. PAR CLASSES FONCTIONNELLES (suite)

PERFECTIONNEMENT

Dates (année-année)   Titre du cours :

Spécialisation:

Institution:

ASSOCIATIONS PROFESSIONNELLES

ACTIVITÉS PARAPROFESSIONNELLES

ACTIVITÉS, INTÉRETS ET LOISIRS

RÉFÉRENCES disponibles sur demande

C.V. PAR COMPÉTENCES

Nom :
Adresse :

Domicile :   (   )   -
Travail :   (   )   -
Messages :   (   )   -
Télécopieur : (   )   -
Courriel:

OBJECTIF DE CARRIÈRE OU RÉSUMÉ DE CARRIÈRE (facultatif)

CHAMPS DE COMPÉTENCE

Compétences et réalisations: (Indiquez, point par point, vos principales compétences et réalisations professionnelles, personnelles lors des études et des activités bénévoles)

HISTORIQUE D'EMPLOIS
Nom de l'employeur et titre du poste avec les années

Employeur:
Titre du poste:
Année

FORMATION
(Indiquez d'abord le dernier diplôme obtenu. Si vous avez un diplôme universitaire, les études primaires et secondaires n'ont pas besoin d'être précisées.)

Dates (année-année)   Diplôme :

                           Spécialisation :

                           Institution :

C.V. PAR COMPÉTENCES (suite)

PERFECTIONNEMENT

Dates (année-année)   Titre du cours :

Spécialisation:

Institution:

ASSOCIATIONS PROFESSIONNELLES

ACTIVITÉS PARAPROFESSIONNELLES

ACTIVITÉS, INTÉRETS ET LOISIRS

RÉFÉRENCES disponibles sur demande

C.V. MIXTE

Nom :
Adresse :

Domicile :   (   )   -
Travail :   (   )   -
Messages :   (   )   -
Télécopieur : (   )   -
Courriel:

OBJECTIF DE CARRIÈRE OU RÉSUMÉ DE CARRIÈRE (facultatif)

EXPÉRIENCE PROFESSIONNELLE

        Dates (année-année)
        Titre du poste et nom de l'entreprise

Responsabilités- réalisations : (Indiquez, point par point, vos principales responsabilités et réalisations de façon succincte et précise: développement, planification, gestion de projet, contrôle, supervision, etc.)

Expérience antérieure   (S'il y a lieu, rappelez en deux ou trois phrases vos débuts professionnels qui pourraient être pertinents, ou faites-en un court historique en indiquant dates, titres d'emploi et noms des entreprises.)

ÉTUDES
(Indiquez d'abord le dernier diplôme obtenu. Si vous avez un diplôme universitaire, les études primaires et secondaires n'ont pas besoin d'être précisées.)
        Dates (année-année)
        Diplôme :
        Spécialisation :
        Institution :

C.V. MIXTE (suite)

PERFECTIONNEMENT

        Dates (année-année)
        Titre du cours
        Spécialisation:
        Institution:

ASSOCIATIONS PROFESSIONNELLES

ACTIVITÉS PARAPROFESSIONNELLES

ACTIVITÉS, INTÉRETS ET LOISIRS

RÉFÉRENCES disponibles sur demande

Deuxième partie

LES STRATÉGIES DE RECHERCHE D'EMPLOI

**PERSONNE
NE PEUT DÉPLOYER
AUTANT D'ÉNERGIE QUE VOUS
POUR ATTEINDRE VOTRE BUT.**

NOUVEAU DÉFI À CONJUGUER AVEC LES NOUVELLES TECHNOLOGIES

Les techniques de recherche d'emploi ont nettement évolué ces dernières années reflétant ainsi les nouvelles exigences du marché du travail. Au temps de mon père, dans les années 50 et 60, les employeurs venaient chercher les meilleurs à la porte de l'école, les amenaient dîner et ils étaient embauchés. Pour les autres, leurs démarches de recherche d'emploi pouvaient ressembler à ceci :

- envoyer 15 curriculum vitae au service du personnel,
- envoyer le curriculum vitae à la suite d'une annonce parue dans les journaux et attendre.

Il était ainsi beaucoup plus simple de décrocher un emploi sans avoir à se compliquer l'existence.

Aujourd'hui en l'an 2000, ces deux approches ne suffisent plus. Il faut apprendre à utiliser un ensemble diversifié d'actions, de moyens et d'outils pour se faire connaître et trouver l'emploi qui corresponde à ce que l'on veut faire et ce que l'on peut faire.

Faire une recherche d'emploi, c'est d'abord et avant tout une question d'attitude. Une attitude positive, dynamique et proactive. Ne cédez pas à la panique si vous n'avez aucun résultat après trois semaines de recherche. Si vous venez de perdre votre emploi, vous pouvez vivre de la tristesse, de la colère. Il se peut que vous viviez différentes phases et émotions difficiles. Lorsque votre deuil sera fait, reprenez-vous et passez à l'action. Élaborer un plan d'action et suivez-le scrupuleusement – travaillez sans relâche et récompensez-vous. Ne soyez pas amer : l'amertume rebute les employeurs.

Cependant, vous devez connaître les différentes étapes de la vie d'une personne en recherche d'emploi ainsi que son incidence sur la confiance en soi.

Au début d'une recherche d'emploi, la personne doit définir des éléments essentiels pour bien orienter sa démarche. Par la suite, il lui sera plus facile de cibler les secteurs d'activités qui correspondent à son profil de compétences.

Elle aura à élaborer divers documents : c.v. sous différentes formes et adaptés pour chaque emploi postulé, carte d'affaires, réseau de contacts, lettre de présentation. Au fur et à mesure qu'elle avancera dans ce cheminement, elle vivra des moments de joie, de déception, de colère, de tristesse, de découragement et finalement la fierté d'avoir décroché un emploi correspondant à son profil.

MOTS-CLEFS DURANT TOUTE LA DURÉE DE VOTRE RECHERCHE D'EMPLOI:

INITIATIVE, AUTONOMIE, CRÉATIVITÉ ET DYNAMISME

Soyez patient : en général, une personne doit compter 1 mois de recherche d'emploi pour chaque 10 000 $ du salaire escompté. Pour effectuer une bonne recherche d'emploi, plusieurs étapes sont nécessaires.

Les étapes d'une recherche d'emploi

1. Quelles sont mes compétences?
2. Établir un plan d'action.
3. Analyser le marché du travail.
4. Les façons de postuler un emploi.

Étape 1 :
quelles sont mes compétences?

J'ai complété mon auto-évaluation pour la rédaction de mon c.v. dans la section portant sur le c.v. J'ai découvert des compétences, des aptitudes, des intérêts nouveaux. J'ai ciblé ce que j'aime faire, ce que je peux faire et ce que je veux faire. Mon c.v. est bien rédigé. J'ai plusieurs exemplaires de mon c.v. sous différentes formes.

Étape 2 :
établir un plan d'action

Diverses activités pourront être nécessaires, par exemple:

- repérer les employeurs qui offrent le genre d'emploi qui m'intéresse;
- me constituer un réseau;
- organiser des entrevues d'information;
- postuler des emplois;
- accepter des entrevues;
- analyser les offres d'emploi qui me seront présentées.

Il est nécessaire de structurer son temps. Fixez-vous des objectifs : nombre d'appels téléphoniques, nombre de visites, nombre de contacts à faire par jour ou par semaine.

Pour réaliser ces objectifs, planifiez votre semaine à l'avance. Trouvez-vous un confident, parlez-lui de vos objectifs, de vos progrès. Ces échanges peuvent vous aider à maintenir votre motivation et votre moral. Choisissez une personne qui saura vous soutenir et aussi vous encourager.

Lorsque vous avez réalisé vos objectifs, récompensez-vous! Astreignez-vous à une certaine discipline : déterminez vos heures de travail, de loisir, planifiez tous les soirs vos activités du lendemain. Commencez à travailler tous les jours à la même heure. Faites comme si vous alliez travailler. Habillez-vous avec les vêtements que vous mettiez lorsque vous étiez en emploi. Il vous sera alors plus facile de vous mettre dans l'ambiance d'une recherche d'emploi. Éliminez les sources de distraction comme le lavage, le ménage, les courses à faire. Il est probable que ces activités étaient accomplies les fins de semaine ou les soirs lorsque vous occupiez un emploi. Faites la même chose. La recherche d'emploi est un travail à plein temps.

Le meilleur temps pour contacter les gens en personne ou par téléphone est le matin très tôt, avant le dîner, sur la fin de l'après-midi et en début de semaine. Profitez du dîner pour élargir votre réseau. Faites vos recherches en fin d'après-midi. Les travailleurs à temps plein profitent des soirées et des fins de semaine pour se divertir ou pour s'adonner à un hobby. Faites comme eux.

En intégrant toutes ces activités dans votre plan d'action, vous contribuerez à la fois à votre santé mentale et physique. Assurez-vous que votre plan soit réaliste et souple. Réévaluez-le fréquemment pour tenir compte de l'évolution de vos besoins ou des circonstances.

Étape 3 :
analyser le marché du travail

Mieux vous connaîtrez le marché du travail, mieux vous pourrez affronter la concurrence pour trouver l'emploi que vous cherchez. Bien étudier le marché pourra vous donner une longueur d'avance et être là au bon moment lorsqu'un emploi devient vacant. Vous pourrez ainsi déterminer quels sont les secteurs en déclin par rapport à ceux qui sont très vigoureux. Vous ne perdrez pas un temps précieux à chercher dans des secteurs où le personnel est mis à pied. **Petite anecdote:** dans le cadre de mon travail, j'ai rencontré des personnes en recherche d'emploi depuis plusieurs mois. Elles avaient concentré leurs recherches dans des secteurs en déclin comme par exemple le secteur de l'éducation. Secteurs où on a coupé énormément de postes de commis de bureau depuis quelques années. Ces personnes étaient découragées de ne rien trouver. Lorsque je leur ai parlé des secteurs performants et en déclin, elles ont rapidement compris qu'elles n'avaient pas cerné les bons secteurs et qu'il était tout à normal de ne pas trouver d'emplois.

Plusieurs documents existent pour vous permettre de mieux cibler les secteurs en émergence. Développement des ressources humaines du Canada (DRHC) via son site internet offre toute une gamme d'informations et répertorie d'autres sites web reliés à la recherche d'emplois et à la carrière pouvant être très utiles. Certains volumes traitant des tendances du marché, des tendances de consommation, de marketing, de démographie peuvent être une excellente source de renseignements.

Marché du travail ouvert :

Il comprend tous les postes annoncés dans les journaux, à l'interne d'une entreprise, chez les recruteurs, les agences de placement, les centres d'emploi fédéraux et provinciaux. Le marché ouvert ne représente que 15% des postes offerts.

Marché du travail voilé :

Il regroupe les emplois décrochés à l'aide d'un réseau de contacts personnels ou par candidature spontanée auprès des entreprises. Le marché du travail voilé représente 85% des postes offerts. Ces emplois se cachent derrière les portes des entreprises. En lisant les documents mentionnés un peu plus haut, vous en apprendrez beaucoup sur les entreprises susceptibles d'engager du personnel.

Étape 4 :
les façons de postuler un emploi

A)   Les annonces classées
B)   Les agences de recrutement et de placement
C)   La campagne postale
D)   Le téléphone
E)   La sollicitation à froid
F)   Le réseau
G)   Internet

QUELQUES STATISTIQUES
SUR LES ANNONCES CLASSÉES:

- pour la majorité des personnes (80 à 95%), l'échec est total;
- 1 convocation pour 245 curriculum vitae reçus;
- plus nombreuses sont les voies secondaires explorées, plus grande est la chance de réussite;
- sur 100 curriculum vitae expédiés, la moyenne des convocations se situe entre 2 et 12;

A) LES ANNONCES CLASSÉES

Si vous répondez à une annonce classée, des centaines d'autres le feront aussi. Si vous utilisez ce moyen, adaptez votre curriculum vitae et la lettre d'accompagnement à l'emploi annoncé. Personnalisez toujours votre lettre en téléphonant pour obtenir un nom. Faites valoir les qualifications que l'employeur recherche. Faites un suivi quelques jours après l'envoi. Si l'annonce demande d'envoyer votre curriculum vitae au service des ressources humaines, envoyez-en une copie à la personne responsable de choisir le candidat et le supérieur du futur employé.

Intérêt des offres d'emplois publiés dans un journal (section Carrières et Professions):

- un emploi est ou sera disponible à court ou moyen terme;
- vous connaissez les exigences du poste à combler. Vous avez dans l'annonce tout ce qu'il faut pour rédiger votre lettre de présentation.

Difficultés à prévoir:

- Dites-vous que plusieurs centaines d'autres personnes ont vu la même annonce, alors attendez-vous à une bonne compétition;
- Rédigez votre c.v. et votre lettre de présentation en utilisant les mêmes termes que dans l'annonce et faites correspondre le plus possible votre c.v. aux exigences du poste disponible;
- Vous devrez vous documenter le plus possible sur l'entreprise et en faire part dans votre lettre de présentation;
- Il peut y avoir plusieurs entrevues de sélection.

Mettez beaucoup d'énergie et de soin à répondre à une offre d'emploi publiée dans les journaux si vous voulez vous démarquer. Ainsi, vous augmenterez vos chances d'être reçu en entrevue.

Façon de procéder:

Il faut procéder à l'envoi d'un curriculum vitae accompagné d'une lettre d'introduction le plus rapidement possible après avoir pris connaissance de l'annonce. Le but de la lettre est de mettre en évidence vos qualifications, en particulier celles qui se rapprochent le plus des exigences décrites dans l'annonce. Reprenez les mêmes termes contenus dans l'annonce.

Renseignez-vous le plus possible sur les activités de l'entreprise et faites-en part dans le 3è paragraphe.

Dans la lettre, le premier paragraphe fait référence à l'annonce. Le deuxième paragraphe souligne vos qualifications par rapport au poste offert. Le troisième paragraphe montre votre intérêt pour le poste et pour l'entreprise. Le quatrième paragraphe indique vos disponibilités et votre intérêt pour une entrevue et finalement la formule de politesse.

LES PETITES ANNONCES

Souvent, il s'agit de fausses annonces. Le poste proposé n'existe pas. Il peut s'agir d'entreprises, d'organismes ou d'agences qui veulent se constituer une banque de noms.

Ne répondez pas à une annonce qui n'indique ni le nom de l'entreprise, ni l'adresse, ni le numéro de téléphone et pour laquelle vous n'avez qu'un casier postal comme seule coordonné. Ça ne vaut pas le coup.

Les annonces commençant par «Investissez dans ... » veut en fait dire que vous devrez acheter du matériel très cher sans rien recevoir en retour.

LES PETITES ANNONCES
DONT IL FAUT SE MÉFIER SI VOUS ÊTES
À LA RECHERCHE D'UN EMPLOI

ABONDANCE en l'an 2000. Oubliez le 9 à 5.
Partagez la beauté et la santé. Investissement de $100
pour un revenu de $2000 par mois. Si vous travaillez
à temps plein $100,000 et + par année !
Pour un rendez-vous aujourd'hui :
Roger Cassegrain
(514) 123-4567

EMPLOI
Tu es jeune, sans expérience et en santé. Perds pas ton temps à
rien faire, viens faire de l'argent et voyager en équipe. Pour
gagner un salaire très intéressant et des semaines de plaisir.
Contacte Paul 333-4444

Vous cherchez un emploi ? Ne cherchez plus !
Je chercherai pour vous !
Envoyez-moi votre C.V.
et un mandat poste de $50.
Emploi garanti ou $ remis !
Dossier 100, C.P. 1000, Qué.

Avec une somme minime de $100,
partez votre propre entreprise. 111-2222

Avez-vous une voiture de l'année ? Avez-vous besoin
d'excellents revenus ? Contactez-nous pour du travail payant :
123-3333

$$$$ CHOCOLATS $$$$
Vends supers tablettes de chocolat et autres.
Fais beaucoup $$$$
1-800-561-2395

Urgent besoin d'hôtes et hôtesses demandés sans expérience.
Bon revenu. 444-5555

Employeur important de la région cherche à augmenter
sa banque d'employés. Envoyez C.V., numéro d'assurance
sociale et $9.95 à Banque de candidats
C.P. 4000, Québec.

Animateur et animatrice recherchés avec une belle
personnalité. Disponibles en tout temps. Les hommes sont
bienvenus. Faites parvenir votre C.V. et une photo récente.
Dossier 3333, C.P. 2354, Québec.

Besoin d'$ pour les Fêtes ?
Léger travail pour de belles personnes.
Prendre rendez-vous sur la boîte vocale 333-4444

Personnel demandé. Travail à temps plein.
Être bon.
C.V.+ photo à C.P. 3000, Qué.

Bénéficiaire d'aide sociale avec ses cartes de mécanicien diesel,
5 ans d'expérience, admissible à une subvention. Se présenter
aux Camions à neuf, Québec.

Travailleur autonome recherché au salaire minimum
1-800-000-6789

B) LES AGENCES DE RECRUTEMENT ET DE PLACEMENT

Plusieurs entreprises n'embauchent que par l'intermédiaire d'agences de placement. En consultant
l'annuaire téléphonique de votre région ou les pages
web de ces entreprises, vous constaterez qu'elles
peuvent recruter certaines catégories de travailleurs.

Vérifiez si elles s'occupent de votre secteur d'activités. Habituellement, l'entreprise cliente de ces agences défraient tous les coûts de recrutement via une retenue sur le salaire du candidat embauché.

Le candidat en recherche d'emploi et faisant appel aux services d'une agence ou de plusieurs agences ne devrait rien avoir à débourser.

Façon de procéder:

- essayez d'avoir le nom d'un conseiller responsable de votre dossier et posez lui quelques questions: à savoir leur taux de placement en général, les possibilités d'emplois dans votre domaine;
- rendez-vous sur place pour déposer votre c.v. et avoir une idée du professionnalisme de l'agence;
- ne mettez pas tous vos oeufs dans le même panier. Faites affaires avec plus d'une firme. Diversifiez vos ressources. Élargissez votre territoire de recherche;
- le conseiller doit d'abord vous informer d'un poste disponible et obtenir votre accord avant de proposer votre candidature;
- si vous voyez une offre d'emploi intéressante publiée dans les journaux par une des agences qui détient votre c.v. et qu'aucun conseiller ne vous a téléphoné, appelez-les;
- si vous hésitez à accepter un poste temporaire, dites-vous que ce poste pourrait vous permettre d'accéder à un poste permanent surtout si vous avez effectué un excellent travail.

Difficultés à prévoir:

- les agences ne s'occupent que d'un infime pourcentage d'emplois vacants;
- les conseillers peuvent être difficiles à joindre et à rencontrer.

C) L'ENVOI POSTAL

Vous envoyez votre curriculum vitae à des employeurs figurant dans vos secteurs de recherche et qui n'ont pas annoncé d'emplois. Adaptez votre demande à l'entreprise, en l'envoyant au patron susceptible d'embaucher et faites un suivi.

Façon de procéder:

Lettre d'accompagnement personnalisée, adressée au superviseur. Faites un suivi téléphonique quelques jours après votre envoi.

Intérêt pour l'envoi postal:

- vous pourriez tomber pile «à la bonne place, au bon moment»;
- l'employeur peut choisir un candidat parmi les curriculum vitae reçus.

Difficultés à prévoir:

- moyen dispendieux;
- les employeurs débordés par les offres de toutes sortes risquent de n'accorder aucune attention à votre c.v..

QUATRE FAÇONS D'ABORDER LE MARCHÉ DU TRAVAIL VOILÉ :

D)   Le téléphone
E)   La sollicitation à froid
F)   Le réseau de contacts
G)   Internet

L'esprit d'initiative est la règle pour aborder le marché voilé puisque vous ne répondez pas à une demande formelle d'emploi. Vous devez vous-même amorcer les démarches auprès des personnes susceptibles de vous embaucher. Soyez patient, créatif et dynamique, vous provoquerez ainsi les rencontres avec les employeurs.

L'exploration se fait en trois étapes :

1) Délimitez votre domaine d'activités en dressant une liste des entreprises intéressantes, en tenant compte des secteurs performants.

2) Dressez une liste de vos connaissances (votre réseau).

3) Planifiez vos démarches et passez à l'action en utilisant les méhodes du téléphone, de votre réseau de contacts, de la sollication à froid ou d'internet.

D) LE TÉLÉPHONE

Si vous avez une voix agréable et avez confiance en vous, alors utilisez le téléphone pour demander une entrevue aux employeurs. Si celui-ci vous répond qu'il n'y a pas d'ouverture présentement, vous pouvez lui dire que vous vous intéressez aussi aux emplois susceptibles de devenir vacants dans un proche avenir. Rappelez-lui qu'il vous suffira de quelques minutes pour lui remettre votre curriculum vitae. L'avantage du téléphone est qu'il est rapide, peu coûteux et personnel.

E) LA SOLLICITATION À FROID

Vous vous rendez directement chez l'employeur et demandez de rencontrer le responsable des ressources humaines afin de lui remettre votre curriculum vitae en mains propres. C'est la méthode la plus personnelle et elle donne souvent d'excellents résultats, surtout si vous vous présentez en début ou en fin de journée.

F) LE RÉSEAU

Il est le moyen le plus efficace pour obtenir un emploi. Plusieurs employeurs demanderont, en premier lieu, à leurs employés s'ils connaissent une personne ayant telles compétences pour combler un poste vacant. Il faut donc inclure dans notre réseau un ensemble diversifié de travailleurs.

Pour établir votre réseau :

Commencez par les personnes qui vous connaissent bien : anciens collègues de travail, votre famille, amis, parents. Ils peuvent vous donner leur propre liste d'employeurs possibles ou de gens qui connaissent quelqu'un susceptible de vous aider.

N'oubliez pas vos professeurs, vos anciens camarades de classe et les personnes que vous avez connues à l'école.

Parmi vos amis et vos connaissances, il y a :

- ceux qui vous invitent à manger chez eux;
- ceux que vous rencontrez chez différents marchands;
- ceux qui vivent dans le même quartier que vous;
- ceux que vous côtoyez lors d'activités bénévoles;
- vos anciens camarades de travail.

Lorsque vous établissez la liste d'anciens camarades qui peuvent vous aider à trouver du travail, posez-vous les questions suivantes :

- Qui étaient mes surveillants?
- Qui travaillait sous mes ordres?
- Avec qui j'allais manger?
- Avec qui je me tenais pendant les fêtes de bureau?
- Avec qui je voyageais?
- Qui m'aidait lorsque j'ai commencé à travailler là?

- Qui ai-je aidé?
- Quelles sont les personnes que j'ai regrettées après mon départ?
- Auprès de qui je cherchais de l'information?
- À qui je donnais des conseils?

N'oubliez pas les personnes de certaines professions qui pourraient avoir besoin de vos services ou qui connaîtraient quelqu'un qui voudrait vous embaucher. Elles passent une partie de leur temps à écouter leurs clients: avocat, notaire, dentiste, médecin, chiropraticien, personnel infirmier, coiffeur, esthéticienne, etc. Elles peuvent vous mettre en contact avec un employeur éventuel.

Le réseau de contacts

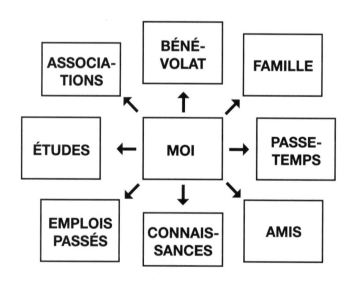

Les entrevues d'information

Les entrevues d'informations vous permettent de recueillir de l'information répondant à vos besoins et à agrandir votre réseau de contacts.

LES AVANTAGES

Elles vous donnent une information à jour et une vue réaliste du secteur. Elles vous aident à établir des contacts avec des gens qui pourraient vous aider. Elles sont un excellent exercice et une bonne préparation pour passer des entrevues d'emploi.

QUI CONTACTER?

Feuilletez les répertoires d'entreprises et d'industries; développez une liste de contacts potentiels pour votre champ d'activités, pour les autres industries et secteurs où vous seriez qualifié pour travailler. Lorsque vous aurez 40 ou 50 noms, ce sera le temps de débuter vos appels pour fixer des rendez-vous. Mais, comment aborder des personnes avec qui vous n'aviez eu aucun contact avant?

COMMENT ABORDER VOS ENTREVUES D'INFORMATION

Après vous être identifié, dites: «J'explore actuellement le marché du travail et j'apprécierais pouvoir vous rencontrer 20 minutes, principalement pour vous faire part de ce que je recherche, pour connaître votre opinion au sujet de votre secteur et de ses opportunités. Vous pourriez avoir certains conseils, informations, suggestions ou connaissances qui pourraient m'aider.»

Essayez de fixer une rencontre.

«Est-ce que jeudi, à 15 heures vous conviendrait ou préférez-vous vendredi matin? Quel sont vos possibilités?»

Ne discutez pas de votre carrière au téléphone, à moins que vous ne puissiez l'éviter. Il est positif, légitime et bien accepté de se faire des contacts. Les employeurs ont besoin d'employés compétents. C'est une voie à double sens. En tant qu'agent libre, vous avez beaucoup à offrir. Il y a des entreprises qui peuvent utiliser vos forces, vos connaissances et votre expérience. Votre travail est de les découvrir, de solliciter des rencontres et, enfin, de vous faire valoir.

QUELS OBJECTIFS VISER

Votre objectif, en organisant ces rencontres d'information, est d'échanger avec votre nouveau contact des renseignements sur son secteur d'activités, de partager ses connaissances, ses opinions sur son industrie et d'obtenir au moins deux autres noms de personnes-contact.

Vous devrez communiquer avec chaque personne suggérée (deuxième génération de contacts) et faire en sorte d'obtenir deux autres noms de personnes référence (troisième génération de contacts). Vous élargirez ainsi votre réseau en construisant une pyramide de gens qui peuvent vous donner des informations et vous faire part de postes potentiels.

Prenez et gardez des notes de vos rencontres. Vous pourriez avoir à communiquer de nouveau avec ces gens. Il est bon d'informer vos contacts que vous avez suivi leurs conseils et de vérifier avec eux s'ils ont d'autres suggestions.

Afin de s'assurer d'obtenir des noms et des informations, il est important de mettre votre interlocuteur à l'aise et d'éviter d'exercer une pression sur lui. Pour être en mesure de vous aider dans vos prochaines étapes, il doit être confortable avec la situation et ne pas se sentir bousculé. Ne lui demandez pas s'il connaît un poste qui vous conviendrait. Vos chances sont nulles. Vous obtiendrez probablement une fin de non-recevoir. Vous n'aurez pas atteint votre objectif. Au cours de la rencontre, votre interlocuteur vous communiquera naturellement, s'il en connaît, des postes vacants.

Vous ne devez pas vous sentir rejeté et vivre un échec si un de vos contacts ne vous informe pas de postes vacants ou s'il n'a pas lui-même de postes vacants. Il est normal d'essuyer des refus avant de trouver le poste dont vous rêvez.

Structurez, organisez et regroupez vos contacts de façon à préparer votre stratégie de vente. Vous êtes le VENDEUR, vos forces et votre expérience sont les PRODUITS.

LETTRE DE REMERCIEMENT

Madame ZYX
Direction des communications
Compagnie XYZ
1212, rue De la Rue
Montréal (Québec)
H1H 1H1

Madame,

Je tiens à vous remercier pour l'entretien que vous m'avez accordé lundi dernier.

Vos propos, particulièrement stimulants, m'ont convaincu de la pertinence d'oeuvrer dans ce secteur d'activités. Suite à vos recommandations, j'ai contacté Monsieur Gilles Laframboise pour obtenir de plus amples informations concernant les postes qui seront disponibles prochainement.

Je vous tiendrai au courant de mes démarches. Veuillez agréer, Madame, l'expression de mes sentiments distingués.

Signature

Votre nom

EXEMPLE TABLEAU DE CONTACTS

DATE	NOM, ADRESSE DE L'ENTREPRISE TÉLÉPHONE	PERSONNE À QUI M'ADRESSER genre de contacts: c.v.-lettre-entrevue	RÉSULTATS ET SUIVIS EFFECTUÉS Date

G) INTERNET

Tout en maintenant le cap sur les secteurs d'activités pertinents pour vous, Internet peut vous permettre d'augmenter très rapidement le nombre de personnes dans votre réseau de contacts, d'avoir accès à un très grand nombre de sources d'information. Essayez de ne pas vous laisser submerger par le flot d'informations que vous pourrez y trouver. Ne consacrez pas uniquement votre recherche d'emploi via Internet. Diversifiez votre approche.

Internet vous permet d'avoir accès à des moteurs de recherche, à des sites consacrés à la recherche d'emploi, au placement électronique, à des sites spécialisés en recrutement dans certains secteurs économiques, aux programmes de stages permettant d'acquérir de l'expérience. Vous pourrez aussi avoir accès à des informations intéressantes concernant l'évolution du marché du travail par l'intermédiaire des sites gouvernementaux, d'associations ou d'ordres professionnels. Vous pourrez aussi trouver une liste des salons-carrière. De plus, vous pourrez avoir accès aux sites web des entreprises intéressantes pour votre recherche d'emploi.

De plus en plus, les entreprises possèdent leur propre site web. Il décrit l'historique de l'entreprise, leurs principales réalisations et en parcourant leur site vous pourrez aussi y découvrir des emplois disponibles et les noms des personnes à contacter.

N'oubliez pas les sites des collèges, des universités et des commissions scolaires. Ces sites peuvent offrir une mine d'informations sur les employeurs, les ateliers sur la rédaction de c.v., la recherche d'emplois et les offres d'emplois disponibles.

Les recruteurs en ressources humaines visitent habituellement trois niveaux de sites de recrutement: les sites nationaux regroupant 2500 moteurs de recherche et groupes de discussion, les sites de recrutement nationaux plus spécialisés (disciplines particulières comme le génie) et les sites de recrutement locaux. Adoptez leur façon de faire.

Si vous faites parvenir votre c.v. par courrier électronique, vérifiez certains principes de rédaction élaborés dans la section portant sur le c.v.

Étape 5 :
se renseigner sur les employeurs

Dans la conjoncture actuelle, se renseigner sur les employeurs éventuels est souvent le moyen par excellence d'obtenir un emploi. En premier, établissez ce que vous voulez savoir sur la compagnie. Voici quelques questions pertinentes :

- Quels services ou produits fournit-elle?
- Depuis combien de temps existe-t-elle?
- Quel est son effectif?
- Quels genres d'emplois sont disponibles?
- Qui sont ses dirigeants?
- Prévoit-elle prendre de l'expansion?
- Où la compagnie et ses filiales sont-elles situées?

Les réponses à ces questions peuvent se trouver dans différentes sources d'informations.

Dans les bibliothèques publiques, universitaires et collégiales, on peut retrouver des répertoires, résumés de compagnies, rapports annuels, vidéos et publications d'entreprises. Les répertoires contiennent des renseignements généraux : raison sociale, lieu(x) d'exploitation, produits, industrie, nombre d'employé(e)s et nom des dirigeants. Vous pourrez aussi avoir ces informations via certains sites spécialisés sur le web.

RAPPELS

- J'explore toutes les pistes de recherche d'emplois. Je consulte les annonces. Je garde contact avec mon conseiller de l'agence de placement. J'envoie des c.v. à des entreprises bien ciblées. Je fais des appels téléphoniques pour des rencontres d'information et pour rencontrer des employeurs potentiels. Je développe et j'entretiens mon réseau de contacts. J'utilise les possibilités offertes par Internet.

- J'effectue TOUJOURS un suivi des c.v. expédiés.

- Je me documente sur les entreprises qui m'intéressent et j'adapte mon c.v.

- Je fais parvenir une lettre de remerciement par la poste, par télécopieur ou par courrier électronique après mes entrevues d'information ou mes rencontres avec des employeurs potentiels.

- Je reste poli et respectueux .

- Je n'hésite pas à téléphoner à un employeur. Le pire qu'il puisse arriver, c'est de me faire dire non.

- J'informe les gens que je rencontre que je suis à la recherche d'un emploi.

Troisième partie

L'ENTREVUE AVEC UN FUTUR EMPLOYEUR

COMMENT S'Y PRÉPARER?

COMMENT S'Y COMPORTER?

LES STYLES ET GENRES D'ENTREVUES

LES QUESTIONS POSÉES LORS D'UNE ENTREVUE

LES STYLES D'INTERVIEWERS

AFIN D'OBTENIR DE BONS RÉSULTATS EN ENTREVUE,

soyez prêts:

- Présentez votre c.v.
- Connaissez votre c.v.
- Faites attention à votre présentation.

Pratiquez-vous:

- Pour avoir confiance
- Pour être naturel
- Pour sourire

Souvenez-vous que:

La première impression frappe et on ne peut rarement la changer.

FÉLICITATIONS! Vous avez réussi à intéresser suffisamment un employeur pour qu'il vous accorde une entrevue! 1. Ne paniquez pas! 2. Préparez-vous! Les entrevues font peur principalement parce que la plupart des gens éprouvent de la difficulté à parler d'eux-mêmes. C'est pourquoi il est essentiel de bien se préparer.

Définition :

L'entrevue est une rencontre de deux personnes ou plus, au cours de laquelle a lieu un échange d'informations, un dialogue sur un sujet précis. L'information transmise est soumise à une évaluation de part et d'autre.

But :

Le but de l'entrevue est de déterminer quel candidat répond le mieux au profil du poste à pourvoir.

Le rôle de l'intervieweur consiste à connaître le niveau de motivation, les traits de la personnalité ainsi que les valeurs morales du candidat afin de prévoir son comportement professionnel. Il désire, de plus, recueillir des données pertinentes sur votre expérience, vos connaissances, vos compétences, vos aptitudes et vos aspirations professionnelles.

LE CANDIDAT POURSUIT POUR SA PART DEUX OBJECTIFS :

- convaincre l'intervieweur qu'il a les qualités requises pour le poste;

- poser des questions et obtenir des renseignements qui l'aideront à déterminer si l'emploi et le milieu lui conviennent.

COMMENT S'Y PRÉPARER?

L'entrevue est un événement stressant et important puisque les vingt ou trente premières minutes passées avec l'intervieweur peuvent être décisives pour votre carrière professionnelle. Il est très important d'être bien préparé. Il reste beaucoup de travail à faire avant même d'arriver à l'entrevue.

S'informer :

Avant l'entrevue, recueillez le plus d'informations possibles sur l'entreprise. Tout ce que vous pourrez apprendre sur ses activités vous sera utile lors de l'entrevue. Les employeurs aiment les gens intéressés par leur entreprise.

Voici quelques exemples d'informations à recueillir :

- nature des produits ou des services offerts par l'entreprise

- où sont situés les bureaux, les succursales, les magasins?
- depuis combien de temps l'entreprise est-elle en affaires?
- entend-elle offrir de nouveaux produits ou services?
- quelle est sa mission?
- quelles sont les possibilités de carrière?
- combien d'employés l'entreprise a-t-elle à son service?
- quel est le type de gestion, les politiques concernant le personnel?
- quelle est l'échelle salariale en vigueur pour le poste disponible?

Préparez vos propres questions en vue d'en savoir plus au sujet de l'entreprise et de l'emploi : munissez-vous d'un stylo et de feuilles pour prendre des notes durant l'entrevue.

Se connaître :

- Relisez votre curriculum vitae. L'intervieweur peut demander certaines précisions sur votre parcours professionnel (apportez des copies de votre curriculum vitae, ainsi que vos relevés de notes, bulletins, vos lettres de référence et la liste de vos références).
- Essayez d'établir un lien entre votre formation scolaire, vos qualifications professionnelles, vos expériences de travail, vos réalisations personnelles et professionnelles et l'emploi que vous postulez.

Voici quelques exemples de questions à repasser avant l'entrevue :

- parlez-moi de vous?
- pourquoi voulez-vous travailler pour notre entreprise?
- quels sont mes points forts et mes points faibles, mes centres d'intérêt?
- quelle est ma motivation au travail?
- pourquoi suis-je intéressé(e) par ce travail?
- quel est mon degré de mobilité?

Étudiez la description du poste :

Si vous postulez un emploi vacant, vous aurez probablement accès à la description des tâches du poste en question. Dans le cas où vous n'auriez pas obtenu cette description, communiquez avec l'employeur pour avoir ces renseignements ou consultez la Classification nationale des professions (CNP), différents voluments, documents et sites internet traitant des professions. Faites concorder vos antécédents avec celles du poste. Démontrez votre compétence par des exemples concrets et quantifiables.

Faites bonne impression :

Vous n'aurez pas une deuxième chance pour faire bonne impression. Alors, soignez votre tenue vestimentaire. 80% du jugement porté sur un individu pendant les 30 premières secondes reposent sur des éléments visuels.

Que l'entreprise auprès de laquelle vous postulez un emploi fabrique des meubles , s'occupe de ressources humaines, vend des logiciels ou offre des services en comptabilité, votre apparence a une incidence énorme sur la réussite de l'entrevue. Toutes les entreprises ont les mêmes attentes. Par conséquent, habillez-vous convenablement et adopter votre meilleure attitude positive.

- Soignez votre apparence : cheveux, ongles, souliers.
- Portez des vêtements propres, de bon goût dans lesquels vous vous sentez à l'aise.
- Évitez le parfum, les bijoux trop voyants et la gomme à mâcher.

COMMENT S'Y COMPORTER?

Les comportements non verbaux

La plus grande partie des informations qui influencent la décision de l'intervieweur sera transmise par vos comportements non verbaux. Ils sont très importants et se vérifient dans la confiance en soi, le respect de l'autre, le savoir-vivre, l'habillement, la tenue et le langage. Si l'employeur vient vous chercher dans la salle d'attente, il peut profiter de l'occasion pour recueillir au passage plusieurs informations: votre position (debout, assise, raide, avachie), votre occupation (observation des lieux, mots croisés, conversation, somnolence).

Lorsque vous entrez dans la salle, appelez l'intervieweur par son nom. Si votre chaise a été placée loin de celle de l'intervieweur, ne vous laissez pas intimider. Déplacez-la simplement à une distance qui convient à la conversation.

Regardez votre interlocuteur dans les yeux, vous y verrez parfois ce qu'il pense ou ce qu'il attend de vous. S'il y a deux interlocuteurs, accordez à chacun le même temps. Si vous conservez les yeux baissés ou que votre regard est fuyant, l'intervieweur peut penser que vous manquez de franchise, de droiture ou que vous êtes très timide. Ne fixez pas l'interlocuteur dans les yeux de façon trop insistante, vous risquez de le gêner. Regarder au ciel démontre une réflexion intellectuelle, regarder latéralement démontre un malaise. Sachez trouver le juste milieu.

Vous rongez-vous les ongles? Vous mordez-vous les lèvres? Enroulez-vous vos jambes aux pieds de votre chaise? Tapez-vous du pied? Changez-vous souvent de position? Toussez-vous? Ces comportements révèlent votre degré de maîtrise dans une situation stressante. Faites attention.

Ne laissez pas vos mains ni votre crayon trahir votre nervosité. Ne regardez jamais votre montre durant l'entrevue. Enlevez-la c'est plus sûr.

Démontrez votre intérêt en vous tenant droit, en étant assis convenablement.

Exercez-vous avec un ami afin d'avoir une idée du message qu'envoient votre posture et vos mouvements. Par exemple, les pieds collés l'un contre l'autre sur le sol, les bras croisés et les épaules légèrement affaissées indiquent l'auto-protection. En revanche, des épaules rejetées en arrière indiquent une personne énergique, une veste déboutonnée indique la franchise, les mains non jointes indiquent la détente et une jambe croisée en direction de l'intervieweur démontre une bonne assurance.

L'observation des gestes, de leur synchronisation avec la parole, de leur amplitude permet d'accorder aux paroles une note d'authenticité.

Les comportements verbaux

Dès le début, appelez l'intervieweur par son nom que vous aurez pris soin de noter auparavant, ainsi que le nom des autres personnes présentes. Soyez prêt à répondre à une question-piège comme par exemple :

- Qu'est-ce qu'on peut faire pour vous?
- Pourquoi sollicitez-vous un emploi dans notre entreprise?
- Parlez-moi de vous.
- Que savez-vous de notre entreprise?

Si vous êtes bien préparé, vous ne serez pas pris au dépourvu au début de l'entrevue.

Quelques conseils :

Vos réponses doivent être brèves mais complètes. Un oui ou un non ne suffit pas en général. Laissez à l'intervieweur le soin de poser les questions et de diriger l'entrevue. Ne parlez jamais contre votre ancien employeur. Demeurez impartial sur des sujets relevant de l'économie ou de la politique. Maîtrisez le silence. L'intervieweur peut laisser des moments de silence volontaires dans l'entrevue. N'y réagissez pas en parlant trop. Regardez plutôt l'intervieweur dans les yeux, compter sur vos doigts ou parlez vous intérieurement. Réagissez calmement aux questions embarrassantes ou gênantes. Ne vous laissez pas démonter. C'est précisément votre déséquilibre que l'interlocuteur recherche. Prenez le temps de réfléchir, respirez, reformulez certaines questions pour être sûr de vos réponses.

Si on vous pose une question qui n'a pas vraiment de rapport avec le poste (âge, état civil, enfants, allégeances politiques), répondez prudemment par exemple en demandant «Pouvez-vous m'indiquer en quoi cela touche l'emploi que je postule?» Il est illégal, pour un employeur, de vous poser certaines questions personnelles lors d'une entrevue.

L'enthousiasme est l'une des valeurs les plus recherchées à l'heure actuelle par les employeurs. L'enthousiasme conditionne votre aptitude à :
• vous adapter plus vite;
• vous intégrer plus facilement;
• mémoriser avec facilité.

LES STYLES ET GENRES D'ENTREVUES

Principaux styles d'entrevues

1) l'entrevue structurée ou directe : vous devez répondre à une série de questions qui exigent des réponses précises. Elle permet d'obtenir du candidat beaucoup de données sans cependant déceler ses attitudes générales, ses traits de personnalité et ses habitudes.

2) l'entrevue semi-structurée : est celle qui convient le mieux au monde des affaires. L'entrevue est dirigée par l'intervieweur et vous encourage à parler librement et abondamment de votre formation académique, de vos expériences professionnelles, de votre vie sociale et familiale.

3) l'entrevue libre ou indirecte : l'intervieweur vous laisse vous exprimer à votre guise. Il n'interviendra que très rarement en posant des questions plutôt vagues comme par exemple : «parlez-moi de vous».

Genres d'entrevues

Entrevue seul à seul : c'est la situation habituelle. Un agent du personnel ou un gestionnaire sera votre interlocuteur.

Entrevue avec un psychologue : il vous parlera après que vous aurez passé certains tests psychologiques. Il se pourrait que le psychologue soit présent à votre entrevue avec l'employeur et vous pose des questions visant à révéler certains traits de votre personnalité.

Entrevue devant un comité ou un groupe : votre entrevue pourrait avoir lieu en présence de deux personnes ou plus. Dans un tel cas, il vous faut regarder la personne à qui vous répondez.

LES DIFFÉRENTS MOMENTS D'UNE ENTREVUE

La première partie : rompre la glace

Le but visé par l'employeur consiste à vous mettre à l'aise. Il parlera du temps qu'il fait, du trajet pour vous rendre à ses bureaux, etc. Il pourra aussi débuter en parlant de l'organisme ou des thèmes qui seront discutés au cours de l'entrevue.

La deuxième partie : passer aux choses sérieuses

Après cet accueil, l'intervieweur introduit l'entrevue formelle. Cette introduction présente au candidat la structure et le déroulement de l'entrevue. L'intervieweur donne habituellement une description détaillée de l'emploi et de la compagnie. Il commence à poser des questions de plus en plus précises. Soyez préparé.

La troisième partie : accumuler des informations

L'intervieweur vous pose des questions afin de déterminer si vous avez les qualités nécessaires (c'est l'étape la plus longue). Vous pouvez aussi accumuler des informations pour poser des questions à la fin.

La quatrième partie : clôture

Il vous demande si vous avez des questions à poser et met fin à l'entrevue. Profitez de cette partie pour faire le bilan de vos qualités et contributions éventuelles et pour réitérer votre intérêt pour le poste.

Écrivez vos questions sur une fiche avant l'entrevue et notez les réponses. Les questions que vous poserez seront de nature à éclaircir des points concernant les conditions de travail, les possibilités d'avancement, les projets de l'entreprise, vos futurs collègues de travail. Ce sera considéré comme une marque d'intérêt.

Rappelez-vous que l'interwieweur veut connaître votre personnalité, votre bagage (compétences, intérêts et aptitudes), vos connaissances et votre motivation pour le poste et pour l'entreprise.

LES TYPES D'INTERVIEWEURS

STYLE DIRECT OU POLICE

Il vous dira «Asseyez-vous» sans invitation. Vous bombarde de questions (questions courtes et rapides). Il veut savoir ce que vous pouvez lui apporter, à lui et à son entreprise.

Il devient vite impatient lorsque vous donnez des réponses longues et évasives.

Montre qu'il a peu de temps à vous accorder.

Vous interrompra facilement si vous vous éloignez du sujet.

Environnement de travail: bureau sobre, sans photos de famille

Comment réagir?

Donnez des réponses courtes

Essayez d'être à l'aise malgré son attitude

Prendre le temps de répondre adéquatement aux questions.

Pas de mots inutiles ni d'observations personnelles.

ASSURANCE – MOTIVATION
CONFIANCE EN VOUS

STYLE BON PÈRE DE FAMILLE

COMMENT TRAITER ET PRENDRE SOIN DU CLIENT

Veut savoir si vous pouvez remplir les fonctions du poste

Il est du genre qui aime tout le monde

Chaleureux, met la personne à l'aise et parle dans le sens de «nous» de la compagnie (sens familial)

Il mentionne souvent le nom du président de l'entreprise.

Environnement de travail: bureau avec photos de famille

Comment réagir?

Mettre l'accent sur le travail d'équipe.

Mentionnez que «les gens sont importants pour vous» dans la conversation.

Utilisez plus souvent le «nous» que le «je».

Parlez-lui d'atmosphère de travail.

Parlez-lui de votre facilité d'adaptation.

STYLE INTELLECTUEL

PROCESSUS COMPLET DE LA VENTE
DE LA PRISE DE COMMANDE JUSQU'A
LA LIVRAISON

Veut savoir comment vous allez accomplir les tâches
> Entrevue très longue
> Approche complète en profondeur
> Désire connaître vos intentions
> Attitude variante, mi-sensible mi-chaleureux

> Environnement de travail: diplômes bien en
vue, livres de référence

Comment réagir?

> Donnez des réponses longues et complètes
très détaillées
> Donnez vos idées, votre vision de la qualité
des tâches à exécuter

Question préférée:
Quelle est votre philosophie de gestion?

SYLE BON GARS

VOUS EXPLIQUERA QUAND COMMENCE
ET SE TERMINE UNE VENTE

Il est le plus imprévisible.

L'air un peu perdu, mêlé.

Prend ses décisions de façon impulsive.

Importance des premières minutes de l'entrevue.

Aime être compris et écouté.

Tendance à finir vos phrases.

Attention: Peut faire semblant de vous trouver excellent mais il pense tout à fait le contraire.

Environnement de travail: bureau désordonné, papiers éparpillés

Comment réagir?

Répondre à toutes ses questions de façon enthousiaste

Être toujours attentif

Ne pas l'interrompre

C'est lui qui a le micro

Élément important: s'il vous donne des détails sur la compagnie, c'est positif.

QUESTIONS POSÉES À L'ENTREVUE

Supposons que vous soyez convié à une entrevue à dix heures demain matin. Vous vous êtes renseigné au mieux sur l'entreprise concernée et le poste à combler et vous avez confiance en vous-même. Vous savez d'où vous venez et où vous allez, ce que vous avez à offrir et ce que vous voulez obtenir.

Le moment est venu de faire une répétition générale. L'exercice suivant vous donne une liste des questions les plus communément posées aux entrevues. Préparez des réponses pertinentes et vous aborderez l'entrevue de façon détendue et plus sereine.

QUESTIONS

1 **En commençant par votre dernier emploi, expliquez pourquoi vous l'avez quitté?**

Réponse: _____

_____

_____

2   Pourquoi avez-vous été promu de tel poste à tel autre?

Réponse: _____

_____

_____

3   Quels sont vos projets pour les cinq prochaines années?

Réponse: _____

_____

_____

4   Qu'est-ce qui est le plus important pour vous dans un emploi?

Réponse: _____

_____

_____

_____

5 A quel type d'emploi êtes-vous vraiment intéressé?

Réponse: _____

_____

_____

6 Qu'est-ce qui vous qualifie particulièrement pour ce poste?

Réponse: _____

_____

_____

7 Nommez-moi trois qualités?

Réponse: _____

_____

_____

_____

8 Quels sont vos défauts?

Réponse: _____

_____

_____

9 Comment réagissez-vous aux pressions du travail?

Réponse: _____

_____

_____

10 Dans quels domaines vous considérez-vous compétent?

Réponse: _____

_____

_____

11 Quels sont vos réalisations dans ces domaines?

Réponse: _____

_____

12 A quelles qualités et compétences attribuez-vous ces réalisations?

Réponse: _____

_____

_____

13 Qu'est-ce qui vous a particulièrement plu dans vos derniers emplois?

Réponse: _____

_____

_____

14 Qu'est-ce qui vous a déplu dans vos emplois antérieurs?

Réponse: _____

_____

_____

15 Qu'est-ce que vous pensez de votre dernier employeur?

Réponse: _____

_____

_____

16 Qu'est-ce que vous pensez du travail d'équipe?

Réponse: _____

_____

_____

17 De quelles réalisations êtes-vous le plus fier dans votre dernier emploi?

Réponse: _____

_____

_____

18 Comment avez-vous obtenu ces résultats?

Réponse: _____

_____

_____

19 Quelles sont les difficultés que vous avez rencontrées dans l'accomplissement de votre tâche et comment les avez-vous résolues?

Réponse: _____

_____

_____

20 Y a-t-il des résultats dont vous n'êtes pas satisfait et pourquoi?

Réponse: _____

_____

_____

21 Quels sont les aspects de votre dernier emploi que vous avez le plus aimés?

Réponse: _____

_____

_____

22 Quels sont les aspects de votre dernier emploi que vous avez le moins aimés?

Réponse: _____

_____

_____

23 Qu'est-ce que vous avez appris de cette dernière expérience?

Réponse: _____

_____

_____

24 Pourquoi avez-vous laissé cet emploi (ou voulez-vous le laisser)?

Réponse: _____

_____

_____

25 Pouvez-vous résumer ce que vous avez appris de vos emplois précédents?

Réponse: _____

_____

_____

POUR LES CANDIDATS
QUI POSTULENT DES POSTES DE CADRE

26 Êtes-vous un bon patron? Pourquoi?

Réponse: _____

_____

_____

**27 Comment décririez-vous votre style de ges-
tion?**

Réponse: _____

_____

_____

**28 Combien d'employés étaient sous vos ordres
dans votre dernier emploi?**

Réponse: _____

_____

_____

29 Quel était votre budget?

Réponse: _____

_____

_____

30 **Quelles décisions importantes avez-vous prises et quelles en ont été les conséquences?**

Réponse: _____

_____

_____

31 **Sur quoi avez-vous fondé ces décisions?**

Réponse: _____

_____

_____

32 **Si vous pouviez modifier certaines de ces décisions lesquelles modifieriez-vous?**

Réponse: _____

_____

_____

33 **Quel type de décision vous est-il facile de prendre?**

Réponse: _____

_____

_____

34 Quelles sont les décisions qui vous semblent plus difficiles?

Réponse: _____

_____

_____

35 Comment planifiez-vous votre travail?

Réponse: _____

_____

_____

36 Quelle expérience avez-vous dans l'organisation ou la réorganisation d'une entreprise?

Réponse: _____

_____

_____

37 Qu'est-ce que vous pensez de la délégation de vos responsabilités?

Réponse: _____

_____

_____

38 Quelles méthodes de contrôle utilisez-vous?

Réponse: _____

_____

_____

39 Décrivez les critères de rendement que vous privilégiez?

Réponse: _____

_____

_____

40 Comment les maintenez-vous?

Réponse: _____

_____

_____

41 Quelle est votre expérience dans l'engagement et l'entraînement de personnel?

Réponse: _____

_____

_____

_____

42 **Avez-vous déjà congédié des employés? Pour-quoi et comment avez-vous procédé?**

Réponse: _____

_____

_____

ÉTUDES ET PERFECTIONNEMENT

43 **Quelles sont les matières que vous aimiez le plus à l'école, à l'université?**

Réponse: _____

_____

_____

44 **Quelles sont celles que vous trouviez moins intéressantes?**

Réponse: _____

_____

_____

45 Quelle était votre moyenne?

Réponse: _____

_____

_____

46 Si vous pouviez reprendre vos études, que feriez-vous différemment?

Réponse: _____

_____

_____

48 Étiez-vous en charge de certaines activités de groupe?

Réponse: _____

_____

_____

49 Comment avez-vous financé vos études?

Réponse: _____

_____

_____

50 Quelles ont été vos plus importantes réalisations durant vos années d'études?

Réponse: _____

_____

_____

51 Depuis la fin de vos études, avez-vous suivi des cours?

Réponse: _____

_____

_____

52 Avez-vous participé à des conférences ou à des congrès? Quel y a été votre rôle?

Réponse: _____

_____

_____

53 Etes-vous membre d'associations professionnelles?

Réponse: _____

_____

_____

54 Quel rôle y jouez-vous?

Réponse: _____

_____

_____

QUESTIONS PERSONNELLES

55 Quels sont vos intérêts particuliers et vos passe-temps?

Réponse: _____

_____

_____

56 Avez-vous une famille?

Réponse: _____

_____

_____

57 Est-ce que votre famille s'intéresse à votre travail?

Réponse: _____

_____

_____

58 Seriez-vous disposé à déménager dans une autre ville?

Réponse: _____

_____

_____

59 Vous serait-il possible de voyager une grande partie du temps?

Réponse: _____

_____

_____

60 Avez-vous des obligations familiales ou autres qui pourraient affecter votre emploi?

Réponse: _____

_____

_____

61 Comment est votre santé?

Réponse: _____

_____

_____

62 Pratiquez-vous des sports; quelles sont les activités physiques que vous pratiquez régulièrement?

Réponse: _____

_____

_____

QUESTIONS SUR L'ENTREPRISE

63 Que savez-vous de notre entreprise?

Réponse: _____

_____

_____

_____

64 Comment avez-vous obtenu cette information?

Réponse: _____

_____

_____

65 Qu'est-ce qui vous attire chez nous?

Réponse: _____

_____

_____

66 Dans quel secteur ou dans quelle fonction pensez-vous être le plus utile?

Réponse: _____

_____

_____

67 Avez-vous des références?

Réponse: _____

_____

_____

THÈMES À ABORDER
À LA FIN DE L'ENTREVUE

A la fin de l'entrevue, sur l'invitation de l'inter-vieweur, vous pouvez poser des questions sur les thèmes suivants:

- Principales responsabilités liées au poste

- Le niveau d'autonomie du poste

- La raison du poste disponible

- L'aspect le plus important à maîtriser en priorité pour ce poste

- Les autres aspects secondaires

- L'environnement de travail: collègues, patron

- Les défis importants pour les prochaines années relativement au poste et pour l'entreprise

- Le moment de la prise de décision

CONDITIONS SALARIALES
CONDITIONS DE TRAVAIL

Ne pas discuter d'argent le premier. Laissez l'initiative à l'employeur.

A la question, que demandez-vous comme salaire?

Donnez-lui une idée de vos attentes salariales (minimum/maximum).

Ou vous êtes prêt à accepter l'échelle salariale en vigueur selon les termes de la convention collective, si le poste est syndiqué.

Il va sans dire que vous avez pris le temps, avant l'entrevue, de vérifier le salaire attribué à un poste similaire. Ce genre d'informations est disponible dans plusieurs banques d'informations et documents ou auprès d'entreprises similaires.

Vous pouvez préciser que vous êtes flexible.

Si la proposition que l'employeur vous fait demande un compromis de votre part, mentionnez que vous avez besoin d'un temps de réflexion de quelques heures.

Les bénéfices marginaux sont l'assurance-vie, l'assurance-maladie, les congés de maladie, les plans de retraite. Ces avantages peuvent valoir jusqu'à 25% du salaire. Calculez le salaire horaire plus les bénéfices marginaux, vous aurez une meilleure idée du salaire offert.

Si le salaire offert est en-dessous de vos attentes, demandez si vous pouvez avoir droit à une révision salariale dans quelques mois.

Le nombre de jours de vacances.

Frais de relocalisation, s'il y a lieu.

QUESTIONS SOUVENT POSÉES LORS D'UN CONTRÔLE DE RÉFÉRENCE

1. Pouvez-vous vérifier les dates auxquelles l'employé a travaillé dans votre société?

2. Quel était le titre du poste de l'employé?

3. Pouvez-vous donner une description de base du poste occupé par l'employé?

4. En tant que supérieur hiérarchique, comment noteriez-vous l'employé?

5. Comment l'employé réagissait-il à la hiérarchie?

6. L'employé était-il sérieux et ponctuel? Ses congés maladie étaient-ils excessifs ou réduits au minimum?

7. Quelles étaient vos relations professionnelles avec l'employé?

8. Y a-t-il des aspects négatifs de l'employé qu'il convient de remarquer?

9. Quels sont ses points forts?

10. Pouvez-vous vérifier le salaire?

11. L'employé a-t-il bénéficié d'augmentations ou de promotions lorsqu'il était dans votre société?

12. L'employé a-t-il fait preuve d'initiative?

13. Comment l'employé se comportait-il avec ses collègues?

14. Quelle est votre impression générale sur l'employé?

15. Quelle est la raison de son départ?

Si l'ancienne société de l'employé a des règlements stricts concernant les références, les questions se limiteront à:

Pouvez-vous vérifier que (nom de l'ancien employé) a bien travaillé dans votre société?

Pouvez-vous vérifier son salaire?

SUIVI APRÈS L'ENTREVUE

Il est important de donner un suivi à l'entrevue. Il peut s'agir de faire un appel téléphonique ou d'écrire une lettre de remerciement. La lettre doit être envoyée immédiatement après l'entrevue (dans les 24 heures). Elle doit être courte, adressée aux intervieweurs pour les remercier. Cette lettre leur rappellera votre entrevue et les incitera peut-être à prendre une décision rapide en votre faveur. Vous manifesterez à nouveau votre intérêt pour le poste et l'entreprise.

Rappelez-vous que si vous n'obtenez pas l'emploi, il ne s'agit pas d'une critique à votre égard. Le fait d'être la bonne personne au bon moment est une combinaison de préparation, de persévérance et de pure chance. Si cette combinaison n'a pas marché cette fois-ci, elle pourrait facilement donner de bons résultats la fois suivante.

AUTO-ÉVALUATION
DES ENTREVUES

Aussitôt après une entrevue, évaluez votre performance.

A quelles questions, avez-vous particulièrement bien répondu?

Quels aspects avez-vous besoin d'améliorer?

Comment avez-vous réussi dans l'ensemble?

Ne vous jugez pas trop durement! Votre performance s'améliorera avec la pratique!

Prenez en note les renseignements importants que vous avez recueillis au cours de l'entrevue, et écrivez vos impressions de l'entreprise et du poste.

Évaluation

Cochez

Oui	Non	
☐	☐	Je suis à l'heure au rendez-vous.
☐	☐	Je me concentre sur le déroulement de l'entrevue.
☐	☐	Je suis vêtu/e correctement.
☐	☐	Je suis attentif/ve à ne pas couper la parole.
☐	☐	Je donne une poignée de main et je me présente à l'employeur.
☐	☐	Je souris en temps opportun.
☐	☐	Je vouvoie l'employeur.
☐	☐	Je m'asseois correctement.
☐	☐	Je remets mon CV.
☐	☐	Je démontre mon intérêt pour le poste avec dynamisme.
☐	☐	J'affirme mes compétences.

☐ ☐ J'évite les tics nerveux.

☐ ☐ Je sais parler de mes autres
intérêts et activités.

☐ ☐ Je suis capable de poser des questions
pertinentes.

☐ ☐ Je réponds clairement et
brièvement.

☐ ☐ J'ai fait attention à mon apparence
(coiffure/barbe).

☐ ☐ Je sais comment répondre aux
questions personnelles.

☐ ☐ Je demande si je peux rappeler dans
quelques jours.

☐ ☐ J'écoute les questions que
l'on me pose.

☐ ☐ À la fin, je remercie et je serre la main.

☐ ☐ Je regarde l'employeur dans les yeux.

CONCLUSION

Dans le cadre de mon travail comme conseillère d'orientation, j'ai souvent de beaux moments lorsqu'après avoir établi un bilan personnel et professionnel, une personne en consultation se reconnaît des compétences pouvant se transférer dans un autre secteur, ou encore, moment sublime, lorsque l'obtention d'un poste vient couronner les efforts exigés par une bonne démarche bien planifiée. Ces exemples de réussite témoignent qu'il est possible de réintégrer le marché du travail en abordant les problèmes intelligemment.

Si vous constatez que, malgré tous vos efforts et après quelques mois de recherche, vous n'avez pu décrocher d'entrevues, faites vérifier vos techniques de recherche d'emploi. Il y a peut-être des éléments à corriger: un c.v. qui ne vous rend pas justice, qui ne met pas vos compétences en valeur, ou encore une recherche d'emploi qui aurait besoin d'ajustements.

Plusieurs organismes d'employabilité et des professionnels en reclassement, en orientation ou en ressources humaines peuvent vous aider dans votre recherche d'emploi.

Il va sans dire que les techniques mentionnées dans ce livre sont des outils de base que vous pouvez adapter à votre situation. Profitez aussi des temps d'arrêt pour tenir vos compétences à jour.

Sachez ce que vous voulez, ce que vous pouvez faire, faites-vous connaître au plus grand nombre de personnes possible et ayez confiance en vous lors des entrevues d'embauche et vous finirez par décrocher l'emploi désiré.

Bonne chance.

Christiane Gosselin
conseillère d'orientation

Orientation et réorientation de carrière

Compétences transférables

Secteurs d'avenir

Préparation à la pré-retraite et à la retraite

(418) 650-1331